그래서 정말 다행이에요

안현심 시집

시인동네 시인선 216   안현심 시집

그래서 정말 다행이에요

시인동네

시인의 말

검불을 다듬은 짚신처럼, 탑세기 날려버린 알곡처럼,
잔가지를 쳐낸 사과나무처럼

끝까지 살아남은
어휘의 도열,

오래된 미래에서
말들의 웃음소리 들리는지요.

2023년 10월
안현심

차례

시인의 말

제1부

동굴 · 13
돌탑에 대한 이분법 · 14
배롱나무 · 15
고라니의 봄 · 16
호박꽃과 일벌 · 17
암각화 · 18
숨비소리 · 19
서커스 소녀 · 20
열흘 후 · 21
비밀을 말해주세요 · 22
최초의 시 · 23
소 · 24
이구아수 폭포 · 25
떡갈나무 하느님 · 26
늙은 맛 · 27
전염 · 28

제2부

탑골공원 · 31

전태일 · 32

들풀거미 · 33

그 사내와 살래요 · 34

당산나무 · 35

탁란(托卵) · 36

금강초롱꽃 · 37

우리처럼 · 38

외동서 · 39

꽃가루에게 · 40

상수리나무 · 41

미역할매 · 42

지렁이 · 43

땅벌 · 44

슬픈 희망 · 46

아기 멸치에게 · 47

신춘문예 · 48

제3부

가족의 변천사 · 51

새처럼 · 52

하지(夏至) · 53

찔레순 · 54

거미와 바람 · 55

야생 피에로 · 56

바얀 작 · 58

치자색 · 59

호저(豪猪) · 60

남근상 · 61

열락(悅樂)의 길 · 62

막고굴의 은유 · 64

지귀섬 · 65

모과나무 스님 · 66

푸레독 · 67

참선하는 바위 · 68

다람쥐의 건망증 · 70

제4부

산사람 · 73

황구렁이 · 74

산솜다리꽃 · 75

운주사 고랑 · 76

아무르호랑이 · 78

태고사 가는 길 · 79

조선소나무 · 80

천지(天池) · 81

뾰족하다 · 82

죽을 만큼 · 83

푸른 시간 · 84

할(喝) · 85

증상 · 86

그곳에 가면 · 87

파랑도 · 88

안테키누스 · 89

보여줄 수 없다 · 90

해설 지극하고, 무구하고, 순수한 가치 · 91
  이은봉(시인·광주대 명예교수)

제1부

동굴

대학원 공부할 때
바윗덩이가 가로막아도 돌아서지 않았다
에둘러가지 않고
폭약을 터뜨리지도 않았다

견고한 저 너머
맑은 숨이 반짝이고 있어,

망치질 한 번에 숨을 고르고
망치질 한 번에 땀방울 찍어내며
오롯이 곧게 파고들었다

빛을 구걸하지 않으면서
뚜벅뚜벅 길을 열어가는 동안

정(釘)을 쪼는 소리,

밤하늘에 부딪혀 쨍그랑거렸다

돌탑에 대한 이분법

뒷산 고갯마루에 돌탑이 있었다

산길에서 돌멩이를 주워
얼기설기 쌓은 탑,
석새 삼베옷이 엉성하기만 했는데

돌탑이 무너졌다
훼손당한 뼛조각이 산비탈을 뒹굴었다

누군가의 소망이
너에겐 우상(偶像)이 되었구나

돌탑이 있던 자리
쓸쓸히 서서

나도, 누군가에겐 우상일지 몰라

배롱나무

바람의 소리를 빌려
게송을 외웠어요

가는 손가락으로 물을 길어 올려
묵은 때를 벗겼어요

허랑한 말
송곳 같은 말 버리고
가난한 눈을 연민했더니

멀리서도 빛났어요,
희디흰 어깨

고라니의 봄

고라니야,
겨울 동안 무얼 먹고 살았니?
낯빛이 창백하구나

봄비 내리자
뾰족뾰족 고개 내미는
화살나무 새순

가지 끝마다 속잎 터지는 소리
시냇물 부풀어 오르는 소리

고라니야,
네 눈과 입술에도
푸른 물감 번지겠구나

호박꽃과 일벌

글을 청탁했더니
이튿날 메일로 보내주었다

원고를 빨리 써준 것은
바쁘지 않아서가 아니라
일을 대하는 마음의 문제일 것

삶터를 지키는 동안
숙련된 일꾼 몫의 몇 갑절을 해치웠다
이 글 저 글 청탁이 들어와도
일머리를 알아차려 차질 없이 진행했다

호박꽃 한 송이에
여러 마리 일벌들이 붙어서
정신없이
꿀을 따고 있다

암각화

구석기 시대 인류가
그림 일기장에서 말했어요

오늘은 바위산에서 염소를 잡았어요
다섯 명이 사냥을 나갔는데
내가 쏜 화살촉이 심장을 뚫은 것 같아요
뿔이 멋지게 휘어진 대장 수컷이었죠
닷새 후엔 세 마리쯤 더 잡으면 좋겠어요
그래야 부족 모두가 배불리 먹을 수 있으니까요

풍요를 빌던 오래된 기억은
집단무의식이 되어 내리흘렀죠

저길 보세요,
암각화에서 기어 나와
고비의 초원에서 풀을 뜯는
염소와 양 떼

숨비소리

파열음은 가늘고 짧았지만
강철같이 날카롭게 활시위를 떠났다

숨이 턱까지 차오를 때마다
솟구쳐 올라 뱉어내던 숨비소리

등대섬 바다 속에서
늙은 휘파람새가
자꾸 울었다

서커스 소녀

장대 끝에 매달려
못 본 척
두 팔을 활짝 열고 비행했어요
입술 다물고 구름 속을 날았어요

날개가 찢어지고
어깻죽지마저 허물어지면
모하비, 비행기 무덤으로 날아갈게요

따뜻한 심장은 당신에게 떼어주고

안녕, 내 사랑
깊은 잠에 **빠져들** 거예요

열흘 후

저 하얀 산속에서
뙈기밭을 일구고 나물 뜯으며
어미 아비가 살고 있다

열아홉에 시집가
첫애 낳다 죽은 언니도 있을 거야

그윽한 안개
뭉게뭉게 일어

내일 가볼까
열흘 후에 가볼까

비밀을 말해주세요

젖먹이까지 떼어놓고 전장을 누빈
서른 살의 여인이여,

맨 흙바닥에 널도 없이 누웠지만
머리맡의 투구와 철검이 전사였음을 말해주네요
주인은 흔적도 없이 산화되었는데
어찌하여 그대는 온전한 뼈를 지니고 있는가요
고구려와 백제, 신라 어디에서도
여전사의 존재를 찾아볼 수 없는데
어찌하여 여성을 뛰어넘어 전사가 되었는가요?
금관가야의 운명이 촛불처럼 흔들릴 때
전장에 나갈 장정이 없었는가요?

어서, 비밀을 말해주세요

최초의 시

글눈을 떴을 때
산골 마을엔 읽을거리가 없었지요
이장 댁에 가면 군청에서 보내주는 일간지가
마루 구석에 처박혀 있었는데
더듬더듬 활자를 짚어가는 재미가 쏠쏠했어요
열 살 무렵 마주한 '신밧드의 모험'은
하도 읽어서 책장이 너덜너덜할 정도였지요
하얀 돔의 정체를 몰라 빙빙 돌고 있을 때
하늘이 어두워지며 룩크새가 날아온 이야기,
포도를 따먹게 해달라고 노인이 부탁하여
무동을 태웠더니 영영 안 내려와서
열흘 동안 지고 다닌 이야기

어린 상상력이 닿은
최초의 사막,

금빛 모래 틈에서
시가 반짝반짝 숨 쉬고 있었어요

소

아이는
바지게 가득 푸둥(浮动)*을 베어 나르고
소는 날마다 살이 올랐지

푸른 소쌀밥에 겨워
연신 꾸벅꾸벅 절하는 소

푸른 풀밭에
푸른 똥을 누었다

---

*푸둥(浮动): 갈대의 뿌리줄기를 전라도에서는 후둥(푸둥)이라고 불렀다.

이구아수 폭포

악마의 아가리다

낭떠러지 아래는
유황이 이글거리는 독(毒)의 바다

더 나아갔다간 빨려들어 가버릴
지구의 블랙홀

떡갈나무 하느님

둘레길
도는 동안

장 속의 사암이 용해되면서
쇄설물이 막무가내로 밀고 내려왔다

아,
저기

자비하신
하느님

아름드리 떡갈나무가
팔 벌리고 계시네

늙은 맛

늙은 호박을 숭덩숭덩 썰어 넣고
양파와 청양고추, 멸치를 넣고 끓인 보리된장찌개

매콤하고 들척지근한 맛이
우물처럼 깊었다

저 여자,
구시렁구시렁 늙어가더니

입술에 걸터앉은
말씀이 점점 깊어가네

전염

활어회 접시가
즐비하게 놓인 식당,

허름한 노부부가 손잡고 들어왔다

비탈밭을 매다 온 듯
두리번거리더니

젤로 싼 것이 뭐요
칼국수 두 그릇만 주시오

생합탕 국물을 넘기려다가
목울대가 울컥,

갑자기
칼국수가 먹고 싶어지는 것이다

제2부

탑골공원

백발 노인 둘이서 긴 의자에 붙어 앉아 주름진 손 감싸 쥐고 서로의 손등을 쓰다듬고 있다

남은 생을 확인이라도 하듯

전태일

 서울 음대가 내려다보이는 평화시장 2층 복도에서 무슨 생각을 했나요? 성냥갑만 한 작업실에서 재단하고 박음질하며 피 토할 때까지 누이의 눈물을 세고 있었나요? 어리광이나 부려야 할 누이가 졸음 쫓는 주사를 맞고 실밥 따는 모습을 보고 있었나요? 실밥을 따는 건 누이가 아니라 영혼을 앗긴 허수아비라고 말하고 싶었나요?

 세상 모든 누이를 위해
 작은 몸을 불사른 거인이여
 소년 견습공이 벨트에 감겨 죽고
 시뻘건 용광로에 산화되는 오늘,
 당신이 몹시 그립습니다

---

*1970년 11월 13일, 22세의 전태일은 노동자의 근로 조건 개선을 요구하며 분신자살했다.

들풀거미

나뭇가지 사이
깔때기 모양으로 지은 우리 집

깊고도 포근해요, 누구든지 들어와 한잠 자고 가세요. 함부로 해치거나 쫓아내지 않을게요. 토굴의 깊이만큼 외로움도 깊어 걸려든 사랑은 내보내지 않을 거예요. 갈비뼈 사이 가둬놓고서 보고 또 들여다볼게요.

목마르게 기다리고 있어요,
내 사랑

그 사내와 살래요

　세 살 아래 총각한테 시집왔어요. 귀가 안 들린다는 게 흠이지만 쟁기질도 잘하고 지게질도 잘하는 사내랍니다. 장난기가 일면 누님이라고 부르며 부엌으로 우물가로 졸졸 따라다니지요. 아프지만 아프지 않은 척 나는 산비탈 복사꽃이 되기도 하고, 늙지 않는 수선화가 되기도 한답니다. 사내의 귀가 되어 빗소리도 함께 읽고 새소리도 받아 적고요. 부엌 바닥에 신문지 깔고 밥상을 차려도 맛나게만 먹어주는 사내랍니다. 각시 앞서 죽을까 봐 땔나무도 산더미같이 장만해 놓았고요.

　봄꽃 다 지기 전에

　긴 손톱 자르고
　뾰족구두도 다 내다 버리고
　저 사내한테 살러 가야겠어요.

당산나무

 전생에 너는 호랑이였다지. 바위산을 넘나드는 것이 신산스러워 이번 생은 나무로 살기로 했다지. 지렁이가 발가락을 간지럽히면 천둥소리로 웅웅거리기도 했다지. 노랑턱멧새, 꾀꼬리가 퐁당거리거나 매미가 극성스레 짝을 부르면 지긋이 혼자 웃기도 했다지. 순이가 울며 식모살이하러 가는 것도 보고, 옥이 방 쪽문에 돌멩이 던지는 돌쇠도 보았지만 못 본 척 함구했다지. 팔다리에 오색 띠 걸어놓고 사람들이 신(神)이라고 받들자 한울님도 넌지시 인정했다지.

탁란(托卵)

교복을 입은 채 아기를 낳았어요

베이비박스에 넣어놓고 도망쳤지요

먼 훗날, 나를 닮은 귓바퀴 찾을 수 있을까요?

젖무덤을 파고들던 첫 울음소리,

기억할 수 있을까요?

금강초롱꽃

레지스탕스여,
내일은 마지막 기차를 타야만 해요

다시는 못 만난다 해도
사랑했던 순간은 잊지 않을 거지요?

은방울꽃
초롱초롱 피어나는데

내 눈물에 키스해주세요

영원히 눈뜨지 않을 마법을 걸어주세요

내 사랑
레지스탕스여,

우리처럼

손잡고 오래오래 살자 하더니
나만 두고 떠나다니요

머리카락 베어 미투리 삼아 드릴 테니
꿈길로 오실 때 신고 오세요
너덜경 굽잇길을 천만 번 다녀가도
나는 변치 않을 거예요

밤마다 마주 보며
속삭인 말,

남들도 우리처럼 사랑할까요?
서로 어여뻬 여길까요?

읽지 못한 편지가
이불깃에 앉아 울고 있어요

---

*1998년 4월, 고성이씨 이응태의 묘에서 427년 전에 쓴 아내의 편지가 출토됐다.

외동서

아기 낳느라 죽을 고비를 넘길 때
산바라지하던 형님을 엄마라 부르고 말았어요
스무 살 더 먹은 따뜻한 엄마,
모시옷을 손수 지어 입혀놓고는
딸을 보듯 좋아할 때, 그 앞에서 훨훨
나비춤을 추었죠

잉태해보지 못한 설움을
등어미 노릇하며 삭인 형님,
족보에 이름 없는 첩실로 살면서도
그 따뜻한 품 안에서 서럽지만은 않았죠

이젠 홀로 남아
당신의 묘 앞에서 춤을 추어요

엄마, 옛날처럼
좋아해 주실 거죠?

꽃가루에게

바람에 실려
못 갈 곳이 없는 꽃가루야

흙에서만 뿌리내리려 하지 말고
내 숨결로 들어와
꽃 피워다오

내 몸뚱어리는
질척질척 눈물 젖어 뿌리내리기 좋단다

메마른 등허리를
꽃동산으로 만들어다오

상수리나무

가랑이 벌리고 물구나무서서

허벅지 사이 풋풋한 속살을 보여주더니

이제, 소녀티를 벗었구나

불두덩을 뒤덮은 참나무 수꽃술

통통한 허벅지에 물씬거리는

젖은 살 냄새

미역할매

뭣 모르고 시집왔더니 물이 있어, 쌀이 있어
도망가려고 해도 여객선은 아예 없었지
고깃배 나갈 때 따라 나가려고 하면
그날은 출어를 포기해버렸지
동네사람이 힘을 합쳐 못 나가게 하니
붙잡혀 산 것이 칠십여 년

난전에서 사는 쥐 난전에서 먹어야 하고
울안에서 사는 쥐 울안에서 먹어야 하듯
작년에는 아들네 집에 갔다가
바로 돌아와부렀어

맹골곽도는 죽으나 사나
내 구덩이잉께

호랭이 같은 파도와 싸우면서도
미역을 뜯는 것이
내 팔자지라

지렁이

새에게 찍히고 발굽에 채고
말라비틀어진 놈
허리가 동강 난 놈
꼬챙이에 걸어 풀숲으로 던지는데

왜,

내 다리가 휘청휘청
휘어질까요?

땅벌

개구리 사체가
풀숲에 걸려 있었어요
은밀히 지켜보는 눈이 있는 줄도 모르고
한 움큼 떼어 물고 집으로 돌아왔죠

아기를 배불리 먹일 수 있다고 좋아할 때
미끼를 놓아둔 놈이
흙담을 허물고 안방으로 쳐들어왔어요
필사적으로 독침을 쏘아댔지만
촘촘한 깃털을 뚫을 수 없었지요

벌매는
육각형 방에 숨겨놓은 애벌레까지
빼먹기 시작했어요

집이 초토화되는 동안
하느님은 그저 바라만 보고 있었죠

벌매가
제 새끼 아가리에
우리 아기를 쑤셔 넣어도
그러지 말라,
말리지 않았죠

슬픈 희망

얼굴은 떠오르는데 이름이 냉큼 떠오르지 않고
금방 생각한 것이 무엇이었는지
반지는 빼서 어디에 두었는지
부엌에 가서 왜 왔는지 허둥거릴 때

그것은
두려운 것이 아니라
희망

쓸데없는 일은 잊어버려도 좋다는
슬픈 계시

아기 멸치에게

너, 몇 살이니?
어느 해구를 몰려다니다가
멸치조림 속 쪼그만 얼굴로 바라보는 거니?
꼬랑지 팔랑거리며
엄마 아빠와 손잡고 다닐 때
얼른 어른이 되어 앞장서고 싶었지?

간절히 원하면
죽어서도 꿈이 자란다는데

포기하지 마라,
아기 멸치야

신춘문예

기술자가 모여
기둥을 세우고 구들을 놓고
벽을 바르고 지붕을 얹었다
대목장의 오롯한 감성의 무늬,
상상력을 이미지로 그려놓은 게 아니라
억지로 자르고 이어 붙인 시
복잡하게 꿰매놓아 길을 못 찾을수록
심층적이고 기교적이라며
박수를 보냈다

제3부

가족의 변천사

몸 풀 날이 다가오는 딸에게
아기를 위해
반려견을 입양 보내자고 했더니
쟤도 가족인데
어찌 이리저리 보낼 수 있느냐고
훌쩍훌쩍
운다

새처럼

얼마나 간절했으면
앞다리가 날갯죽지로 진화했을까

얼마나 간절히 기도했으면
하늘을 날게 되었을까

네 발로 도망가도
스라소니를 따돌릴 수 없어
높이, 더 높이 날아오르고 싶었을 거야

아가야,
날갯죽지 돋을 때까지

우리도 힘껏
팔 저어보자꾸나

하지(夏至)

공수부대 훈련 차 지나가다가
보고 싶어 들렀더니 시집갔다고 하더군요

목 메이듯, 목 메이듯
젖어드는 목소리

콩밭 매느라
흙먼지 뒤집어쓴 볼에
주르륵,
뜨거운 눈물이 흘러내렸어요

잇속도 가지런한 것이 참 잘생겼더라

어매의 한숨만이
긴긴 해를 어지러이 맴돌았어요

찔레순

오래된 소문같이
잿빛 산야에 슬금슬금 스며들어
마구잡이로 새순 틔우는
저, 넉살

아무짝에도 쓸모없는 것이
얼굴도 두껍다고 나무라지 마시어요

여린 순 똑똑 따서 고추장장아찌를 담가
뜨끈뜨끈한 쌀밥에 올려 먹으면
도망간 입맛도 돌아온대요

봄볕만 좀 야시시해도
시냇가 바위틈에 퍼질러 앉아
입술 내민다고 눈 흘기지 마시어요

그 부지런한 생명력으로
소갈증 모가지도 비트니까요

거미와 바람

실낱같은 흔들림을 놓치지 않고
공기가 이동하는 쪽으로 실을 뽑아 날렸다

허공을 재바르게 오가는 동안
그물은 은밀하고도 촘촘하게 빛났다

나비가 지나는
물목,

포착되지 않지만
걸려들면 몸부림칠수록
옭아매는 덫

바람도
감히 찢지 못했다

야생 피에로

화전 일구고 샘물 져 나르며
굴피 지붕 아래 자연인으로 살던
아흔 살 할아버지

화롯불에 지은 밥을 된장국에 말아 먹으며
멧돼지, 고라니와 뒹굴던 야생의 땅에
유튜버가 몰려들기 시작하면서
삼겹살이 쌓이고
고등어가 파닥거렸다

카메라 앞에서
두부 지짐에 소주를 홀짝이는 원숭이처럼
산밭 일구던 날들을 두런거리며
눈요깃거리가 되어버린
마지막 화전민,

야생의 밤낮을 잊어버린 채

자본의 피에로가
되어버렸다

바얀 작

작나무가 많아서
바얀 작*

불타는 절벽에서
공룡화석이 줄줄이 나왔다 해서
공룡의 땅

죽어
묻힌 게 아니라

아기 공룡 옹알이 살아날 날을

숨죽여
기다릴 뿐

---

*바얀 작: 공룡화석이 출토된 남고비의 땅.

치자색

흰 꽃잎
어느 귀퉁이에

저 맑은 노랑을 숨기고 있었을까

어떤 붓으로도
투명한 빛을 그릴 수 없어

그냥
치자색,
치자색이라고 부르자

울렁울렁 젖어오는

노랑, 노랑
진노랑
빛

호저(豪猪)

게걸스러운 돼지 같기도 하고
혐오스런 가시 때문에
산미치광이라고 불리기도 하죠

한번 박히면 빠지지 않는 가시,
패혈증을 일으키고 심장까지 뚫고 들어가
호랑이도 삼키려 하지 않지만

정면에서는 이빨을 들이대지 마세요
대가리는 가시가 없는 데다가
몸 가시도 앞쪽으로는
세울 수 없거든요

허풍떨지 않고 풀이나 뜯을 테니

못 본 체
그냥 지나가 주세요

남근상

얼굴 없는 남근이 연못에서 뛰쳐나와
대가리 치켜들고 처녀를 휘저으면

영락없이
큰사람을 잉태했다죠?

공원 분수대에서
목덜미 부풀리고 노려보는 코브라,

울툭불툭한 대가리를
만져 봐도 될까요?

열락(悅樂)의 길

왕자 쿠마라지바가
사암동굴에서 부처가 되어갈 무렵
전진의 장수 여광은 쿠차왕국을 짓밟았지요

누이와 합방하지 않으면
그녀를 죽이겠다,

파계승이 되어
인질로 잡혀 온 타국에서
산스크리트어 경전을 한자로 번역했지요

굴욕을 승화시킨 아름다운 은유,
색즉시공(色卽是空) 공즉시색(空卽是色)

달이 지면 빛을 잃는 우물 속 달빛처럼
형상은 있다가도 없는 것,

괴로움에서 벗어나려고

애쓰지 마라

아픈 삶이 피운 꽃,

그 처절한 열락(悅樂)의 길을
눈물 훔치며 따라가고 있어요

막고굴의 은유

세금을 못 낸 농부는
막고굴에 갇혀 그림을 그렸지요

어린 아들까지 빼앗긴 채
사암동굴에 뼈를 묻은 노예 그림쟁이

벽화 속 부처의 눈에
극락이 존재한다고 사람들은 말하지만

눈이 밝은 사람은 금방 알 수 있지요

아들과 함께 살기를 염원하는
그림쟁이의 눈물

눈꼬리에 방울방울
맺혀 있다는 걸

지귀섬

선덕여왕을 연모하다가
앙상하게 야위어간 지귀(志鬼)라는 사내
영묘사에서 여왕이 불렀지만
불공드리는 사이 탑에 기대어 잠들고 말았지요
잠 깨어 여왕이 놓고 간 황금팔찌를 보자
가슴에서 불이 일어 미친 듯 서라벌을 뛰어다녔어요
그가 닿는 골목마다 불이 타오르자
여왕은 노래를 지어 부르며
먼 바다, 구름도 닿지 않는 섬으로 보내버렸죠

지금도
현무암 구멍 속에
그리운 얼굴을 불러 앉혀놓고는
지귀섬,
저 혼자서 철썩인다죠

모과나무 스님

설악 깊은 골짝마다
무산 스님 발자취

대쪽 같은 서슬에
나무도, 호랑이도 엎드려 절했는데

해진 장삼 속
핏기 마른 법신(法身)

머리칼마저 성큼성큼 빠져나갔지만

백담계곡에서 씻어 빚은
사리 한 알

정수리 끝 아득히
이고 계시네

푸레독

한 빛깔이기를 거부했다
고정관념을 경계했다

소금기 머금은 붉은 사암과
화산이 뿜어 올린 현무암 덩어리
서로 다른 목숨을 불러들여
바람이 들고나는 몸뚱어리를 갖고 싶었다

석가가 짜놓은 씨줄 날줄에
베다와 천문수학을 얹어
화려하고 장엄한 문장이 되고 싶었다

정복자에게 무릎 꿇은 채
누이를 안아야 했던 푸른 눈의 승려가
조롱의 늪에서 피워 올린 연꽃처럼

그 모든 고통을
담고 싶었다

참선하는 바위

겨울 바이칼호수에는
얼음기둥 위에 가부좌하고 앉아
참선하는 바위가 있다는데요
세찬 바람이 얼음호수를 미끄러지다가
바위를 만나면 끌어안고
휘돌며 주변을 깎아낸 후
바위만 우뚝하니 올려놓은 거래요

모래바람에 옆구리 파먹힌
삭사울나무처럼,

그러고 보면 참선은
삭사울나무나 바이칼 젠(Zen)처럼
극한의 뜨거움이나 차가움을 깔고 앉는 것

머지않아 고비사막과 바이칼호수에서
구루가 탄생할 것이라는 말,

터무니없는 소문은
아닌 듯해요

다람쥐의 건망증

바윗돌 밑에 도토리 묻어놓고
까마득히 잊었어요

봄이 오자
검은 바위 밑에서
떡갈나무 싹이 올라왔어요

다람쥐의 건망증,
참 고맙군요

제4부

산사람

다녀오겠습니다,
세 평 오두막에 인사하면

알았다, 근엄하게 대답하는 부엉바위
네, 알았어요, 상냥하게 배웅하는 상수리나무
그래, 빨랑 다녀와
입술을 삐죽거리는 하늘다람쥐

숲의 정령들과 어울려 산다

칭찬하고 쓰다듬으며
함께 산다

황구렁이

구불텅한 대들보에
황구렁이가 턱 허니 걸쳐 있는디
장정 팔뚝만 한 것이 잘 익은 나락처럼 번쩍거려
머슴애가 들앉은 줄 알았지라
가시내라 하드라도
관(冠) 하나쯤 쓰겄지야 혔더니
시궁창을 기능기라

황구렁이 빛깔은 아니드라도
아리잠직한 관 하나 쓸지 모르는디
쪼매만 기다려보지 그랬어요

내 꿈이 맞았지라, 그럴 줄 알았당게

함지박만 한 어매 얼굴
얼매나,
보고 싶었는디요

산솜다리꽃

설악의 바위를 딛고
장하게 일어선 산솜다리처럼
바위 비탈을 오르내리는
지게꾼이 있었지요

휴게소와 암자에 물건을 지어 나르며
꾀꼬리와 산양을 보고 돈도 벌 수 있으니
얼마나 좋으냐고 발화하는 입술에서
솜털이 보송보송 피어났어요

바위틈에서 잠시 잠들었다가
꽃이 되어버린 사람,

공룡능선에
산솜다리꽃 한 송이
눈을 떴어요

운주사 고랑

운주사 아랫말 사람들은
천렵하기 좋은 계절이 오면
삐뚤빼뚤 서 있는 돌부처 앞에서
술 마시고 노래하고 춤추며 놀았는데요
날 좀 보소, 날 좀 보소, 하고 노래 부르면
돌부처도 아낙을 보고 방긋방긋 웃어주고
나를 버리고 가시는 임은 십 리도 못 가서 발병난다
하면, 부러진 발목을 씰룩쌜룩 흔들었다죠

뭉그러진 등 뒤에서
엉덩이 까고 오줌을 누어도
못 본 척 눈감아 주었다는 말,
돌쇠어멈이 쌩글쌩글 나발 불었어요

별 하나씩 머리에 이고
고랑으로 찾아든 석수장이, 갖바치, 방물장수

귀퉁이 모스라진 채

서 있는 돌탑과 부처는
운주골에 내려온 별자리라죠

아무르호랑이

별똥별 지고
샤먼의 북소리가 숲을 깨우면

가만가만
눈밭에 발자국을 찍는
아무르호랑이

정령이 된 내가
자작나무숲을 순행(巡幸)하고 있어요

태고사 가는 길

생강나무 새순을 어루만지며
상긋한 냄새가 좋다고 했다

보드라운 잎에
밥을 싸서 먹으면 입안이 환해지지요

그날의 목소리
생생한데

사랑,

멀리 떨어져
오래도 걸었구나

조선소나무

메타세쿼이아 틈새에 낀
조선소나무

해루질도 해가며
느시렁느시렁 걷고 싶은데

함께 어울려 숲이 되자고
영차영차 잡아끄는 메타세쿼이아

해작질했다가는
햇빛 한 모금 못 마실지 몰라

높이, 더 높이

모가지 빼어 드는
이방의 숲

천지(天池)

단박에
달려들면

비구름 속으로
숨어버리는
못[池]

맨얼굴 온전히 보고 싶거든
천 길 그리움 만져보고 싶거든

자긋자긋 딛어야 노래하는 성감대,
하늘 계단을 숨 고르며 올라가야 한다

목마르게 파고들던 푸르디푸른 몸뚱어리

언제 다시 만날까
그 짧은 신비

뾰족하다

단단한 황무지에
돌칼이 즐비하게 서 있다

마당을 날려 보내고
몸채 혼자 덩그런 소소초(蘇蘇草) 포기

사막에서 살아남으려면
단단히 붙잡거나 창을 세워야 한다

하여,

살아남은 것들은
뾰족하다

죽을 만큼

저 같은 사람은
십 년이 지나고 이십 년이 지나도
꿈을 향해 도전할 기회조차 없는지요
아이에게 당당한 엄마를 보여줄 수 없는가요

혼외 자식을 낳은 후
죽을 만큼 견디며 일했다는 여인

도덕이란 창검으로 난도질당한 채
소리 내 울지도 못하는
젊은 어미

돌을 던질까요?

푸른 시간

그녀는
단맛 든 사과처럼 탱글탱글했다

포기한 것이 많은 여자를 오히려 나무라듯
파닥거리는 즐거움을 늘어놓았다

너뿐이었구나,

푸른 시간인 줄도 모르고
새벽 골목을 동동거리던 사람

주머니 속 돌멩이 하나
내려놓아도 좋겠다

할(喝)

갑사 대자암에서
삼 년을 무문(無門)에 들었던 스님,
감포 무일선원에서는
칠십여 일 만에 문을 나서고 말았습니다

음식을 받아들이지 못하고
먹는 대로 토하는 지경도 넘어섰지만

사미승 때부터 챙겨주던
노보살의 임종이 다다랐다는 소식

지혜를 얻고자 다짐했지만
생명을 돌보는 일이
먼저라는 말씀,

할!

증상

돌덩이 들어차 숨을 쉴 수 없던 날,

그때부터였구나

속앓이 오는 듯하면 몸이 먼저 울어버리는 버릇

오늘도

바람 한 줄기 스쳐 가나 보다

그곳에 가면

그곳에 가면, 이라는 상호를 걸고
시골밥상을 차려주는 식당이 있었지요

우리를 그리로 이끈 이는
너덜너덜한 가방을 안고 다니며
여든 살을 넘기고도 시를 공부하던 사람

서울 병원에 올라가 치료하고 올 동안
잠깐만 결석하겠다고 다짐하더니
끝내 돌아오지 않네요

옛이야기가 옹기종기 바라보는 식탁에서
주름진 이마를 그려보아요

그립다, 보고 싶다
중얼거리면서

파랑도

풍랑이 높은 날에만
검은 이마 살짝살짝 내밀었다지

제주 어부 눈에서 오롯이 자라다가
죽어서야 발 디딜 수 있는

신화 속 낙원이 있어
행복했다지

산맥에 올라앉아
그물을 치는 내 눈에도

보이지 않는 섬 하나
자라고 있지

안테키누스

엊그제까지도 어리광을 부렸는데
한 살이 되어가자 사내 티가 나기 시작했어요
수컷의 본능을 주체하지 못해
수수밭에서 열두 시간 동안 섹스를 했어요
밥도 먹지 않고 잠도 자지 않은 채
파트너를 바꿔가며 몰입했더니
몸뚱이 여기저기 피가 나기 시작하고
털이 우수수 빠져나가 버리네요

태어날 새끼도 보지 못한 채
죽음을 맞는 사내

그래도

사랑,
아름다웠나요?

보여줄 수 없다

홀로 저녁밥을 먹으며 소주를 마셨다

안주라곤 맹물국수에 걸쳐 얹은 묵은지 한 가닥

그런데, 왜 눈물이 날까

누구에게도 내색하고 싶지 않은 가시

그것이,

심통을 부리는가 보다

해설

지극하고, 무구하고, 순수한 가치
—안현심 시집 『그래서 정말 다행이에요』에 대하여

이은봉(시인·광주대 명예교수)

1.

 아프지 않고 좋은 시를 쓰기는 어렵다. 서럽지 않고 훌륭한 시인으로 성장하기는 힘들다. 안현심 시인도 아프고 서러운 가운데 저 자신을 키워온 사람이다. "홀로 저녁밥을 먹으며" 자주 "소주를 마"시고는 해온 사람이 그라는 것이다. 마음속 깊이 "누구에게도 내색하고 싶지 않은 가시"(「보여줄 수 없다」)가 박혀 있기 때문이다.

 마음속 깊이 박혀 있는 가시는 늘 수많은 생각에 빠지게 한다. 이때의 수많은 생각은 항용 심미적 상상력으로 승화되고는 한다. 안현심 시인은 바로 이때의 심미적 상상력을 응축하고 압축해 시로 만들어 온 사람이다. 그의 시에 부연과 나열

보다는 응축과 압축이 많은 것도 이와 무관하지 않아 보인다. 생략과 배제의 언어에 기대고 있는 것이 그의 시의 방법적 특징이라는 것이다.

그가 추구하는 응축과 압축의 정신은 무엇보다 거짓되지 않은 가치, 곧 올바른 가치를 소중히 여기는 데서 비롯되는 듯싶다. 그렇다. 지극하고, 무구하고, 순수한 가치를 심미적 언어로 실천하는 데 초점이 있는 것이 그의 시이다. 그가 시에서 자신의 삶과 관련하여 "바윗덩이가 가로막아도 돌아서지 않았다/에둘러가지 않았고/폭약을 터뜨리지도 않았다"고 말하는 것도 이로부터 기인하는 것 같다. 어떤 일이든 지치지 않고 "오롯이 곧게 파고"(「동굴」)든 것이 그의 삶이라는 것이다.

> 바람의 소리를 빌려
> 게송을 외웠어요
>
> 가는 손가락으로 물을 길어 올려
> 묵은 때를 벗겼어요
>
> 허랑한 말
> 송곳 같은 말 버리고
> 가난한 눈을 연민했더니

멀리서도 빛났어요,

희디흰 어깨

—「배롱나무」 전문

 이 시의 화자는 '배롱나무'이다. 그러니만큼 이 시에는 배롱나무의 목소리가 들어 있다. 이 시가 배역의 화자를 택하고 있는 까닭, 곧 '배역시'가 되는 까닭이 바로 여기에 있다. 그와 동시에 이 시에서의 화자인 배롱나무는 '객관상관물'로 존재하기도 한다. "허랑한 말/송곳 같은 말 버리고/가난한 눈을 연민"해 온 것이 실제로는 시인 자신이기도 하다는 것이다.

 이처럼 시인은 줄곧 허랑하지 않은 삶, 지극한 삶, 정성스러운 삶을 추구해 온 사람이다. 이러한 삶이 최선을 다하는 삶, 곧 혼신을 기울이는 삶과 다르지 않으리라는 것은 따로 물어볼 필요가 없다. 시를 통해 그가 "일을 대하는 마음의 문제"(「호박꽃과 일벌」)에 주목하고 있는 것도 기본적으로는 이와 무관하지 않다.

 '마음의 문제'에 집중하다 보면 반성과 성찰의 감정에 집중하기 쉽다. 반성과 성찰의 감정은 뒤를 돌아다보며 미래를 전망하는 마음을 가리킨다. 그의 시에 "돌탑이 무너졌다/훼손당한 뼛조각이 산비탈을 뒹굴었다//누군가의 소망이/너에겐 우상(偶像)이 되었구나"(「돌탑에 대한 이분법」)와 같은 비판적 시각이 드러나 있는 것도 얼마간은 이에서 비롯된다.

반성과 성찰의 마음을 추구한다는 것은 저 자신의 마음을 절차탁마하며 살아간다는 것을 가리킨다. 저 자신의 마음을 절차탁마하며 살아가는 삶은 저 자신의 마음을 수행하고 수도하며 살아가는 삶을 뜻한다. 그가 추구하는 수행하고 수도하며 살아가는 삶은 무엇보다 맑고 깨끗한 삶, 지극하고, 무구하고 순수한 삶을 견지하려는 의지와 깊이 관련되어 있다.

2.

시인 안현심이 자신의 시를 통해 맑고 깨끗한 삶, 지극하고, 무구하고 순수한 삶을 견지하기 위해 애써 노력하는 까닭은 무엇인가. 아마도 그것은 그가 지구를 포함한 자연 일반과 소통하고, 교감하고, 공감하는 삶의 가치를 소중히 여기기 때문인 듯싶다. 물론 이때의 자연 일반은 동물, 식물, 광물이라는 이름으로 불리는 물(物) 일반을 포함한다. 이처럼 그의 시에는 동물, 식물, 광물이라는 이름으로 분류할 수 있는 자연 일반에 대한 남다른 이해가 들어 있다.

우선은 그의 시에 드러나 있는 동물과 소통하고, 교감하고, 공감하는 모습부터 살펴볼 필요가 있다. 그의 시 중에서는 「소」, 「아기 멸치에게」, 「아무르호랑이」, 「고라니의 봄」, 「다람쥐의 건망증」, 「지렁이」, 「새처럼」, 「땅벌」, 「황구렁이」 등이 동물과 소통하고, 교감하고, 공감하고 있는 대표적인 예이다.

이들 시에서처럼 그는 동물과도 소통하고, 교감하고, 공감하며 살아가는 삶의 가치를 높이 평가하고 있다. 바로 이러한 점에서 그의 많은 시는 생태시이면서도 생명시라고 할 수 있다. 다음의 시는 동물 중의 하나인 고라니와 소통하고, 교감하고, 공감하는 모습이 잘 드러나 있는 예이다.

>고라니야,
>겨울 동안 무얼 먹고 살았니?
>낯빛이 창백하구나
>
>봄비 내리자
>뾰족뾰족 고개 내미는
>화살나무 새순
>
>가지 끝마다 속잎 터지는 소리
>시냇물 부풀어 오르는 소리
>
>고라니야,
>네 눈과 입술에도
>푸른 물감 번지겠구나
>―「고라니의 봄」 전문

이 시는 맑고 깨끗한 어린아이의 마음, 곧 동심을 바탕으로 하고 있어 좀 더 주목된다. 따라서 이 시는 동시라고 불러도 크게 부족하지 않아 보인다. 일단은 먼저 다정한 어린아이의 목소리로 고라니에게 말을 거는 것이 이 시에서의 화자라는 것을 염두에 두어야 한다. "낯빛이 창백"한 고라니에게 "겨울 동안 무얼 먹고 살았니?"라고 하며 걱정 섞인 안부부터 묻고 있는 것이 이 시의 어린 화자라는 것이다.

이러한 걱정 섞인 안부는 이 시의 이어지는 대목에서 이내 기대 어린 희망으로 전이된다. 고라니에게는 큰 기대가 되는 "뾰족뾰족 고개 내미는/화살나무 새순"이 등장하기 때문이다. 그뿐만 아니다. 이제는 "가지 끝마다 속잎 터지는 소리/시냇물 부풀어 오르는 소리"가 들리는 봄이 오게 될 것이다. 시를 매조지하며 이 시의 어린 화자가 "고라니야,/네 눈과 입술에도/푸른 물감 번지겠구나"라고 하며 기대와 희망을 노래하고 있는 것을 잊어서는 안 된다.

이처럼 자연의 동물들과 주고받는 마음으로부터 태어나는 시의 서정은 다른 여타의 작품에서도 두루 확인된다. 이는 "너, 몇 살이니?/어느 해구를 몰려다니다가/멸치조림 속 쪼그만 얼굴로 바라보는 거니?/꼬랑지 팔랑거리며/엄마 아빠와 손잡고 다닐 때/얼른 어른이 되어 앞장서고 싶었지"(「아기 멸치에게」) 등의 구절에 의해서도 익히 징험이 된다.

이들 논의에서도 알 수 있는 것처럼 안현심 시의 대부분은 자연과의 소통, 교감, 공감에의 의지를 바탕으로 한다. 이때의 자연이 물물(物物) 일반을 뜻하는 것은 당연한데, 물론 이때의 물물(物物) 일반에는 식물도 포함된다. 그의 시에 구체적으로 드러나 있는 식물은 「꽃가루에게」, 「금강초롱」, 「상수리나무」, 「떡갈나무 하느님」, 「산솜다리꽃」, 「조선소나무」 등의 시에 의해서도 확인된다. 급한 대로 이들 식물이 이루는 현존을 심미적으로 가장 잘 형상화하고 있는 「꽃가루에게」부터 살펴보기로 하자.

  바람에 실려
  못 갈 곳이 없는 꽃가루야

  흙에서만 뿌리내리려 하지 말고
  내 숨결로 들어와
  꽃 피워다오

  내 몸뚱어리는
  질척질척 눈물 젖어 뿌리내리기 좋단다

  메마른 등허리를
  꽃동산으로 만들어다오
          —「꽃가루에게」 전문

이 시에서도 시인은 어린 화자를 택해 말하고 있다. 그러니만큼 이 시 역시 '배역시'라고 불러도 좋을 것 같다. 그뿐만 아니라 이 시에서 어린 화자는 "바람에 실려/못 갈 곳이 없는 꽃가루"에게 무언가 부탁하는 어조를 택하고 있다. "흙에서만 뿌리내리려 하지 말고/내 숨결로 들어와/꽃 피워다오" 등의 구절에 들어 있는 간절한 어조가 이를 잘 드러내 준다.

　이들 구절로 미루어 보면 이 시의 '꽃가루'에는 꽃씨가 들어 있는 듯하다. 그럴 때라야 그것이 "질척질척 눈물 젖어" 있는 "내 몸뚱어리"에 "뿌리내"릴 수 있기 때문이다. 어린 화자가 '꽃가루'에게 부탁하는 어조는 이어지는 "메마른 등허리를/꽃동산으로 만들어다오" 등의 구절을 통해서도 알 수 있다. 물론 이때의 부탁하는 어조는 일종의 말 건넴이라고도 할 수 있다. 말 건넴은 꽃가루가 어린 화자의 대화 상대자이기도 하다는 것을 가리킨다.

　'꽃가루'에게 부탁하는 어조, 곧 말 건넴의 태도를 택하는 것은 시인이 꽃가루라는 식물을 저 자신과 동등한 인격체로 받아들인다는 것을 뜻하기도 한다. 자연의 물물을 사람으로 받아들이는 것은 의인법, 활유법 등 수사적인 표현만이 아니다. 그것은 서정시라는 언어예술이 본래 의인관적 세계관을 바탕으로 한다는 것을 증명해주는 구체적인 예이기도 하다.

　자연의 사물 일체를 사람과 동등하게 받아들이는 '의인관적 세계관'은 기본적으로 시원의 가치를 바탕으로 한다. 시원의 가치를 바탕으로 한다는 것은 원시의 가치, 곧 신화시대의 가치를 바탕으로 한다는 것이기도 하다. 신화시대에는 인간이 저 자신은 물론 자연과도, 신과도 언어를 통해 소통하고, 교감하고, 공감하며 살았었다는 것을 기억해야 한다. 스님에게서 모과나무를 발견하고, 모과나무에서 스님을 깨닫는 그의 시 「모과나무 스님」도 이러한 맥락과 함께할 때 좀 더 잘 이해가 된다.

자연의 사물, 곧 동물과 식물에 대한 이러한 인식은 본래 시인의 '차마 어찌하지 못하는 마음'에 토대를 두고 있다. '차마 어찌하지 못하는 마음'은 이른바 측은지심(惻隱之心)을 가리키거니와, 측은지심이 인(仁)의 마음과 다르지 않다는 것은 불문가지이다.

인의 마음은 연민(憐憫)의 정서이기도 하거니와, 그의 시에서 연민의 정서는 자연의 광물에 대해서도 똑같이 발휘되고 있다. 물론 여기서 말하는 자연의 광물은 생명을 갖지 못한 자연 일반을 가리킨다. 「동굴」, 「돌탑에 대한 이분법」, 「암각화」, 「이구아수 폭포」, 「바얀 작」, 「남근상」, 「지귀섬」, 「막고굴의 은유」, 「참선하는 바위」, 「천지」, 「운주사 고랑」 등이 생명을 갖지 못한 자연 일반에 기초해 발상한 시라고 할 수 있다. 더러는 이들 시의 대상이 자연의 막연한 풍경일 때도 있기는 하지만 말이다.

그의 시 중에는 「이구아수 폭포」가 그러한 작품의 예이다. 무엇보다 이 시는 해외여행 중에 만난 엄청난 자연의 풍경, 곧 '이구아수 폭포'에 대한 시인의 생각을 담고 있다. 물론 이 시에서도 '이구아수 폭포'는 사람과 대등하게 받아들여지고, 해석되고 있다. "악마의 아가리다//낭떠러지 아래는/유황이 이글거리는 독(毒)의 바다"(「이구아수 폭포」) 등의 구절로 이어지거니와, 이 시에서도 자연의 물물은 사람의 시각에서 발상되고 있다. '이구아수 폭포'를 "악마의 아가리다"라고 명명하는 것이 대표적인 예이다. 무엇보다 이는 자연의 사물이 인간화되어 표현되고 있다는 것, 의인관적 세계관에 의해 표현되고 있다는 것을 가리킨다. 인간화되어 표현되고 있는 자연의 사물은 다음의 시에 의해서도 충분히 확인된다.

> 겨울 바이칼호수에는
> 얼음기둥 위에 가부좌하고 앉아
> 참선하는 바위가 있다는데요
> 세찬 바람이 얼음호수를 미끄러지다가
> 바위를 만나면 끌어안고
> 휘돌며 주변을 깎아낸 후
> 바위만 우뚝하니 올려놓은 거래요
>
> 모래바람에 옆구리 파먹힌

삭사울나무처럼,

그러고 보면 참선은
삭사울나무나 바이칼 젠(Zen)처럼
극한의 뜨거움이나 차가움을 깔고 앉는 것

머지않아 고비사막과 바이칼호수에서
구루가 탄생할 것이라는 말,

터무니없는 소문은
아닌 듯해요

―「참선하는 바위」전문

　이 시는 "겨울 바이칼호수"의 바위를 소재로 하고 있다. "얼음기둥 위에 가부좌하고 앉아/참선하는 바위" 말이다. "가부좌하고 앉아/참선하"고 있다는 표현만으로도 이 시에서의 바위는 인간화되고 있다. 그것이 비록 "세찬 바람이 얼음호수를 미끄러지다가/바위를 만나면 끌어안고/휘돌며 주변을 깎아낸 후/바위만 우뚝하니 올려놓은" 것이라고 하더라도 말이다. 이처럼 그의 시에서 자연의 물물은 항용 인간화되어 표현되고는 한다.

　무생물인 광물이 인간화되어 표현되는 것은 그의 시의 "산길에서 돌멩이를 주워/얼기설기 쌓은 탑,/석새 삼베옷이 엉성하기만 했는데//돌탑이 무너졌다/훼손당한 뼛조각이 산비탈을 뒹굴었다"(「돌탑에 대한 이분법」)와 같은 구절을 통해서도 잘 알 수 있다. "석새 삼베옷", "훼손당한 뼛조각" 등의 표현이 특히 인간화된 무생물, 곧 인간화된 광물의 모습을 익히 드러내 준다. "몸 풀 날이 다가오는 딸에게/아기를 위해/반려견을 입양 보내자고 했더니/쟤도 가족인데/어찌 이리저리 보낼 수 있느냐고/훌쩍훌쩍/운다"(「가족의 변천사」)와 같은 구절을 통해서도 그의 시에 드러난 인간화된 자연의 물물은 증명이 된다.

그의 시와 함께하는 자연의 물물 중 광물만 인간화된 모습으로 드러나는 것은 아니다. 동물이며 식물도 인간화된 모습을 취하는 것이 그의 시라는 것을 기억할 필요가 있다. 벌매의 생태를 다룬 시에서 "벌매는/육각형 방에 숨겨놓은 애벌레까지/빼먹기 시작했어요//집이 초토화되는 동안/하느님은 그저 바라만 보고 있었죠"(「땅벌」)라고 말하고 있는 것을 통해서도 잘 알 수 있다.

이 구절의 내용은 한편으로 해월 선생의 가르침인 이천식천(以天食天)의 원리를 연상하게도 한다. 그러한 관점에서 살펴보면 이 구절로부터 느끼는 것은 일종의 범신론적 세계관이라고 해도 좋을 성싶다. 범신론적 세계관이라고 했지만 이에는 순환론적 세계관도 십분 포함된 것으로 보인다. 이때의 순환론적 세계관이 불교의 윤회론적 상상력과 크게 다르지 않으리라는 것은 분명하다. 그의 시가 지니는 이러한 상상력은 다음의 시를 통해 좀 더 잘 알 수 있다.

> 전생에 너는 호랑이였다지. 바위산을 넘나드는 것이 신산스러워 이번 생은 나무로 살기로 했다지. 지렁이가 발가락을 간지럽히면 천둥소리로 웅웅거리기도 했다지. 노랑턱멧새, 꾀꼬리가 퐁당거리거나 매미가 극성스레 짝을 부르면 지긋이 혼자 웃기도 했다지. 순이가 울며 식모살이하러 가는 것도 보고, 옥이 방 쪽문에 돌멩이 던지는 돌쇠도 보았지만 못 본 척 함구했다지. 팔다리에 오색 띠 걸어놓고 사람들이 신(神)이라고 받들자 한울님도 넌지시 인정했다지.
>
> ─「당산나무」 전문

이 시에서는 전생에는 호랑이였던 당산나무가 중심 대상이 되고 있다. 당산나무는 '너'라고도 호칭이 되며 사람처럼 생명이 있는 존재로 인식되고 있다. "노랑턱멧새, 꾀꼬리가 퐁당거리거나 매미가 극성스레 짝을 부르면 지긋이 혼자 웃기도" 하는 것이 당산나무라는 것이다. "순이가 울며 식모살이하러 가는 것도 보고, 옥이 방 쪽문에 돌멩이 던지는 돌쇠도 보았지만 못 본 척 함구"한 것이 바로 이 당산나무라는 것을 잊어서는 안 된다.

   그의 시에서 자연의 물물은 이처럼 매우 생생하게 인간화되어 있다. 물론 자신의 시에 등장하는 자연의 물물을 그가 깨어 있는 생명의 존재로 받아들이는 데는 깊은 생각이 들어 있는 듯싶다. 우선은 그의 시에서 이들 자연의 물물이 의미론적 기호가 아니라 깨어 있는 생명 공동체의 일원으로 존재한다는 것을 알 수 있다. 깨어 있는 생명 공동체는 시원의 시대에나 있었던 것, 곧 신화시대에 있었던 것이지만 그의 정신 영역 안에서는 오매불망 그리운 것이기도 하다. 이는 무엇보다 그가 근대라는 이름으로 행해지는 이기적(利器的) 문명체보다는 인간과 자연과 신이 하나로 어우러지는 생명 공동체를 선호한다는 것을 말해 준다.

   이처럼 그의 시는 근본주의의 세계관과 함께하는 원시에의 그리움을 담아내고 있다. 그의 시의 이러한 면은 "오늘은 바위산에서 염소를 잡았어요/다섯 명이 사냥을 나갔는데/내가 쏜 화살촉이 심장을 뚫은 것 같아요/뿔이 멋지게 휘어진 대장 수컷이었죠/닷새 후엔 세 마리쯤 더 잡으면 좋겠어요/그래야 부족 모두가 배불리 먹을 수 있으니까요"와 같은 "구석기 시대 인류가" 남긴 "그림 일기장"(「암각화」)을 시로 표현하고 있는 것을 보더라도 잘 알 수 있다. "저길 보세요,/암각화에서 기어 나와/고비의 초원에서 풀을 뜯는/염소와 양 떼"(「암각화」)와 같은 기발한 표현을 남기고 있는 것이 그의 시이기도 하다는 것을 잊어서는 안 된다.

3.

    이상에서의 논의처럼 그의 시는 근본주의의 세계관과 함께하는 원시에의 그리움을 바탕으로 하고 있다. 이러한 특징을 갖는 그의 시는 사람을 대상으로 할 때도, 곧 인물형상을 대상으로 할 때도 그 나름의 독특한 면면을 보여준다. 잘난 사람보다는 못난 사람, 부자보다는 가난한 사람이 그의 시의 중심 대상으로 선택되고 있기 때문이다. 근대문명에 잘 적응해 성공한 사람보다는 잘 적응하지 못해 실패한 사람이 그의 시의 주요 인물형상이라는 얘기이다. 그렇다. 낯설고 기이한 사람, 가난하고 소외된 사람, 아무렇게나 버려져 있는 사람, 늙고 병든 사람 등이 그의 시가 집중적으로 그려내고 있는 인물형상이다. 다음의 시 역시 그러한 인물형상을 다루고 있는 예이다.

    활어회 접시가
    즐비하게 놓인 식당,

    허름한 노부부가 손잡고 들어왔다

비탈밭을 매다 온 듯
두리번거리더니

젤로 싼 것이 뭐요
칼국수 두 그릇만 주시오

생합탕 국물을 넘기려다가
목울대가 울컥,

갑자기
칼국수가 먹고 싶어지는 것이다

―「전염」 전문

 이 시에서는 "활어회 접시가/즐비하게 놓인 식당"에 "손잡고 들어"온 "허름한 노부부"가 중심 대상이 되고 있다. "활어회 접시가/즐비하게 놓인 식당"에서 "젤로 싼" "칼국수 두 그릇"을 시키고 있는 "허름한 노부부" 말이다. 시인은 이들 "허름한 노부부"를 바라보며 "생합탕 국물을 넘기려다가/목울대가 울컥"하기도 한다.

 물론 이는 시인 안현심의 감수성이 얼마나 지극하고, 무구하고, 순수한지를 잘 알게 해주는 대목이라고 해야 마땅하다. 그뿐만 아니다. 시인은 이 "허름한 노부부"에 감응해 "갑자기/

칼국수가 먹고 싶어지"기까지 한다. "생합탕 국물을 넘기"던 시인이 "칼국수 두 그릇"을 시키는 이 "허름한 노부부"와 충분히 공감하고 있는 대목인 셈이다.

안현심의 시 중에는 먼 옛날 "젖먹이까지 떼어놓고 전장을 누빈/서른 살의 여인"을 다룬 작품도 있다. 이 시에서 그는 아득한 시절 "전장을 누비"던 "서른 살의 여인"을 두고 "맨 흙바닥에 널도 없이 누웠지만/머리맡의 투구와 철검이 전사였음을 말해주네요/주인은 흔적도 없이 산화되었는데/어찌하여 그대는 온전한 뼈를 지니고 있는가요"(「비밀을 말해주세요」)라고 노래한다. 이 시도 또한 그의 시의 근본주의의 세계관과 함께하는 원시에의 그리움을 알 수 있게 해주는 작품이라고 할 수 있다.

안현심 시의 근본주의의 세계관과 함께하는 원시에의 그리움은 결국 지극하고, 무구하고, 순수한 사람에 대한 그리움을 낳는다. 그의 시와 함께하는 인물형상이 낯설고 기이한 사람, 가난하고 소외된 사람, 아무렇게나 버려진 사람, 늙고 병든 사람으로 집중되고 있는 것도 이와 무관하지 않다. 그가 보기에는 이들 인물이야말로 가장 지극하고, 무구하고, 순수한 삶을 사는 사람들이기 때문이다. "저 하얀 산속에서/뙈기밭을 일구고 나물 뜯으며" 살던 "어미 아비", "열아홉에 시집가/첫애 낳다 죽은 언니"(「열흘 후」), "화전 일구고 샘물 져 나르며/굴피 지붕 아래 자연인으로 살던/아흔 살 할아버지"(「야생 피에로」), "늙은 호박을 숭덩숭덩 썰어 넣고/양파와 청양고추, 멸치를 넣고" "보리된장찌개"(「늙은 맛」)를 맛있게 끓이던 여자, "교복을 입은 채 아기를 낳"고 "베이비박스에 넣어놓고 도망"(「탁란(托卵)」)친 여자 등이 그들이다. "장대 끝에 매달려/못 본 척/두 팔을 활짝 열고 비행"(「서커스 소녀」)하던 여자, "너덜너덜한 가방을 안고 다니며/여든 살을 넘기고도 시를 공부하던 사람"(「그곳에 가면」), "푸른 시간인 줄도 모르고/새벽 골목을 동동거리던 사람"(「푸른 시간」), "다녀오겠습니다,/세평 오두막에 인사하면//알았다, 근엄하게 대답하는 부엉바위"(「산사람」)와 함께 산 사람, "둘이서 긴 의자에 붙어 앉아 주름진 손 감싸 쥐고 서로의 손등을 쓰다듬"던 "백발 노인"(「탑골공원」) 등도 이들 인물 중의 하나이다.

 이들 인물은 낯설고, 기이하고, 가난하고, 소외되고, 버려지고, 늙고, 병든 사람이기도 하지만 아주 오래된 사람이기도 하다. 이들 오래된 사람은 낡은 사람이라고 해도 지나치지 않다. 그런가 하면 이들 인물은 도시의 문명보다는 시골의 자연과 더불어 사는 사람이기도 하다.

 이러한 예로 미루어 보더라도 그가 선호하는 인물의 특성은 매우 분명하다. 미래의 인물보다는 과거의 인물, 곧 근대의 자본주의적 인물보다는 중세의 공동체적 인물을 선호하는 것이 그이다. 이러한 인물을 선호한다는 것은 이러한 가치를 선호한다는 뜻이기도 하다.

안현심의 시에서 대상의 선택은 세계관의 선택으로 작용한다. 그렇다. 그가 지속적으로 이들 인물과 관련된 풍경을 선택하는 것은 그가 지극하고, 무구하고, 순수한 삶을 추구해 온 것과 무관하지 않다. 이러한 논의를 십분 증험해주는 그의 시 한 편을 함께 읽으며 이 글을 맺기로 한다. 배역을 화자로 택하고 있는 이 시에서도 그는 겉으로는 소외된 사람이지만 속으로는 가득 찬 인물형상을 아름답고 즐겁고 따뜻한 목소리로 노래하고 있다.

　　세 살 아래 총각한테 시집왔어요. 귀가 안 들린다는 게 흠이지만 쟁기질도 잘하고 지게질도 잘하는 사내랍니다. 장난기가 일면 누님이라고 부르며 부엌으로 우물가로 졸졸 따라다니지요. 아프지만 아프지 않은 척 나는 산비탈 복사꽃이 되기도 하고, 늙지 않는 수선화가 되기도 한답니다. 사내의 귀가 되어 빗소리도 함께 읽고 새소리도 받아 적고요. 부엌 바닥에 신문지 깔고 밥상을 차려도 맛나게만 먹어주는 사내랍니다. 각시 앞서 죽을까 봐 땔나무도 산더미같이 장만해 놓았고요.

　　봄꽃 다 지기 전에

　　긴 손톱 자르고

뾰족구두도 다 내다 버리고

저 사내한테 살러 가야겠어요.

—「그 사내와 살래요」 전문

시인동네 시인선 216

그래서 정말 다행이에요
ⓒ 안현심

초판 1쇄 인쇄	2023년 10월 5일
초판 1쇄 발행	2023년 10월 10일
지은이	안현심
펴낸이	김석봉
디자인	헤이존
펴낸곳	문학의전당
출판등록	제448-251002012000043호
주소	충북 단양군 적성면 도곡파랑로 178
전화	043-421-1977
전자우편	sbpoem@naver.com

ISBN 979-11-5896-617-1 03810

*이 책의 판권은 지은이와 문학의전당에 있습니다.
*양측의 서면 동의 없는 무단 전재 및 복제를 금합니다.
*잘못 만들어진 책은 바꿔드립니다.